LA PHILOSOPHIE
DE LA FAIBLESSE
ET DE LA FOLIE

LA PHILOSOPHIE DE LA FAIBLESSE ET DE LA FOLIE

SOUTENONS LE MALI

Dr. François Adja Assemien

THE REGENCY PUBLISHERS

Copyright © 2022 Dr. François Adja Assemien.

All rights reserved. No part of this book may be reproduced in any form or by any electronic or mechanical means, including information storage and retrieval systems, without permission in writing from the author and publisher, except by reviewers, who may quote brief passages in a review.

ISBN: 978-1-959434-46-7 (Paperback Edition)
ISBN: 978-1-959434-47-4 (Hardcover Edition)
ISBN: 978-1-959434-45-0 (E-book Edition)

Book Ordering Information

The Regency Publishers, US
521 5th Ave 17th floor NY, NY10175

Phone Number: (315)537-3088 ext 1007
Email: info@theregencypublishers.com
www.theregencypublishers.com

Printed in the United States of America

Du Même Auteur

Les Rebelles Africains, roman, Edilivre, 2016
Les Règles d'or du bonheur, du succès, de la santé et du salut personnels, Edilivre, 2016
Introduction à la philocure, essai, roman, Edilivre, 2016
L'Afrique interdite, roman, Edilivre, 2016
Le Monde ne vaut rien, essai, Edilivre, 2016
La Côte d'Ivoire a mal, essai, Edilivre, 2018
Président Donald Trump et les Africains, essai, Edilivre, 2020
L'Art de vivre en Amérique, guide , Edilivre, 2019
Education morale et spirituelle, Edilivre, 2016
La Conscience Africaine, essai, Edilivre, 2016
Thomas Sankara comme Thomas More et Socrate, essai, 2020
Ahikaba, roman, Mary Bro Foundation Publishing, London, 2018
Code électoral, roman, Black Stars, 1995
Portrait du bon et du mauvais électeur, du bon et du mauvais candidat, Black Stars, 2000
La Côte d'Ivoire et ses étrangers, essai, Black Stars, 2002
La Pensée politique pour sauver la Côte d'Ivoire, essai, Afro-Star, 2003
Le Guide africain de philosophie, de sciences humaines et d'humanisme, Abidjan, 1985
L'Afrocratisme, essai, Afro-Star, 2003

The current slavery in Africa, essay, Global Summit House, 2000
Corona virus, essai, Global Summit House, 2000
Let's save humanity and life, essay, Global Summit House, 2021
The Power of American women, essay, GoldTouch Press, 2021
Philosophy about life, essai, Global Summit House, 2021
La puissance des femmes américaines, essai, GoldTouch Press, 2021
America is paradise, essay, Author's Note 360, 2021
La Philosophie de l'esprit africain, essai, L'Harmattan, 2021
The African Rebels, novel, Page Turner, 2020
Les Onze maux de la Côte d'Ivoire, essai, Afro-Star, 2005
Aboubou musique, Editions La Philocure, 2021

Je dédie ce livre

A

Alain Foka

(le meilleur journaliste africain)

Franklin Niamsi Wa Kamerun

(philosophe, écrivain, politologue)

Julius Sello Malema

(homme politique sud-africain)

Faustin-Archange Touadera

(Président de la République Centrafricaine)

Sylvie Baïpo Temon

(Ministre des Affaires Etrangères de la Centrafrique)

Table Des Matières

Du Même Auteur v
Introduction xi

1. Guerre Et Faiblesse 1
2. Injustice Et Faiblesse 5
3. Mensonge Et Faiblesse 9
4. Arbitraire Et Faiblesse 13
5. Tricherie Et Faiblesse 16
6. Malhonnêteté Et Faiblesse 20
7. Cynisme Et Faiblesse 24
8. Corona Virus Et Faiblesse 28
9. Esclavage Et Faiblesse 32
10. Colonisation Et Faiblesse 36
11. Prédation Et Faiblesse 40
12. Sanction Et Faiblesse 44

Conclusion 49
Résumé du Livre 53
Biographie De L'auteur 55

Introduction

Les philosophes et les humanistes d'aujourd'hui sont muets. Ils ne parlent point face à l'actualité si cruelle et face à la réalité si terrifiante. Cela est un grand malheur pour l'humanité. C'est angoissant et troublant. L'axiologie, la morale et l'humanisme sont piétinés et écrasés allègrement et impunément. Leurs défenseurs et promoteurs n'en disent rien. Ils sont passifs, irresponsables. Sont-ils encore lucides, sagaces et conscients de ce fait très inquiétant? Nous assistons à un renversement total et catastrophique des valeurs morales, ascétiques. Cela laisse tout le monde indifférent. C'est très grave. Où est encore la raison d'être des philosophes et des humanistes critiques ou juges universels? Cette situation nous pousse à prendre notre plume et à donner de la voix. Nous rompons ainsi le silence incompréhensible, coupable et complice des philosophes et des humanistes vis-à-vis de la sécession de l'humanité avec la morale.

De quoi s'agit-il? L'humanité est constituée de deux catégories de peuples. Il y a, d'une part, les peuples forts et, d'autre part, les peuples faibles. Les peuples forts sont ceux qui sont vertueux, **moraux**. Et les peuples faibles sont ceux qui sont **immoraux**. La force est basée sur la morale. La faiblesse est la négation de la morale. Les peuples forts sont dotés des vertus morales, ascétiques. Ils ne peuvent faire du mal à aucun autre peuple. Ils sont purs, sans fautes envers autrui. Ils se laissent volontiers agresser, envahir, exploiter, voler, opprimer par d'autres peuples sans réagir violemment, sans même se défendre. Pourquoi? Parce que se défendre contre un agresseur, c'est aussi attaquer ce dernier. C'est lui faire mal, c'est être violent. Alors les peuples forts se résignent à leur invasion. Ils subissent ainsi la domination des peuples barbares, conquérants, prédateurs (oiseaux de proie, bêtes blondes). C'est le cas des peuples esclavagisés et colonisés par d'autres peuples.

Quant aux peuples faibles, ils n'obéissent point à la morale. Ils violent allègrement la morale. Ils agressent sans cesse les autres peuples. Ils les envahissent, les soumettent, les exploitent, les volent, les trompent, les trahissent. C'est le cas des peuples colonialistes, esclavagistes. Il s'agit, notamment, des Anglais, des Français, des Allemands, des Espagnols, des Portugais, des Italiens, des Belges, des Hollandais. Ils prennent leur faiblesse pour la force et la force de leurs victimes pour la faiblesse. Ils ont renversé l'ordre des valeurs à leur profit. Ils prennent la honte (leurs comportements immoraux, criminels, barbares) pour l'honneur et la gloire. Ils prennent le mal qu'ils font pour le bien et prennent le bien pour le mal. Ils méprisent et condamnent la **force morale** et les forts. Sur quoi reposent la force et la faiblesse dans les relations entre les humains? La force a pour essence et fondement la morale (Idée de Bien). Elle s'exprime par les vertus morales. La force d'un homme ou d'un peuple réside dans sa capacité à résister au mal, à combattre le mal. Un homme fort est celui qui s'abstient de tout mal. C'est celui qui agit uniquement selon la loi morale. Cette loi morale exige de faire toujours et partout le bien. Elle proscrit le mal d'une manière absolue. Emmanuel Kant l'appelle l'**impératif catégorique**. Par exemple, «tu ne tueras point», «tu ne mentiras point», «tu ne voleras point». Celui qui obéit à la loi morale réprime nécessairement son instinct d'agression (Thanatos). Il maîtrise sa vie mentale, psychologique, émotive, affective. Son esprit est discipliné. C'est un agent moral parfait, un héros. C'est un homme de bien, un sage. Il est totalement désintéressé. Il est altruiste, non-égoïste. C'est un renonçant, un saint. Ainsi Socrate, Jésus, Bouddha, Lao-Tseu. La force réside dans la sagesse, dans le bien agir, la sainteté, la pureté, la bonté, l'amour du prochain. L'homme fort a la grandeur d'âme. Il est magnanime. En sanscrit, on l'appelle **Mahatma.** Mahatma Gandhi était un apôtre de la non-violence (ahimsa en sanscrit). La pratique de la non-violence et du bien met l'humanité dans la paix, la sécurité, crée un monde juste, harmonieux, salutaire dans lequel tout le monde est heureux, prospère. Il s'agit d'un monde sans maître ni esclave, sans oppression, sans exploitation de l'homme par l'homme où règnent l'égalité de tous, la liberté, la fraternité, la solidarité, l'entente. Un tel monde est la république des fins. C'est un véritable Paradis sur terre. C'est en cela que se trouvent la force, la puissance et la supériorité des hommes et des peuples. La morale fait du bien à tous les peuples et à tous les humains tandis que son contraire, l'anti-morale, crée un monde infernal, invivable (la loi du plus barbare, du plus fou). La morale crée la civilisation, les hommes et les peuples civilisés. Elle favorise le bonheur, la paix, la sécurité, le salut, l'harmonie, le vivre ensemble.

L'histoire de l'humanité n'est que l'histoire de la lutte entre les peuples forts et les peuples faibles. Qui sont les peuples forts et qui sont les peuples faibles qui s'affrontent présentement dans le monde? Les peuples moralement forts sont les peuples martyrisés, dominés, exploités, génocidés par les peuples occidentaux et orientaux. Il s'agit, notamment, des Africains, des Amérindiens, des aborigènes d'Australie, des Asiatiques, des Russes. Les peuples moralement faibles sont naturellement tous les bourreaux des peuples forts. Ce sont les dominateurs, les prédateurs, les barbares, les violents, les agresseurs, les envahisseurs, les impérialistes, les colonialistes.

1

Guerre Et Faiblesse

Qu'est-ce que la guerre? En quoi cela est-il une manifestation de faiblesse? La guerre est un conflit armé opposant deux groupes. C'est la violence physique extrême qui détruit massivement les vies humaines et les biens matériels. Dans une guerre, il y a un agresseur et un agressé. C'est un rapport de force entre un bourreau et sa victime. Le bourreau est dépourvu d'humanité et de moralité. Il a perdu la raison. Or l'homme se définit par la raison qui commande des actions vertueuses, morales. La morale interdit le mal et exige le bien. Le bien est la **fin** des comportements et des actions humains. Il exclut l'égoïsme, la nuisance, la méchanceté. La morale exige la bonté de tous. Elle prescrit le respect absolu et la préservation de toute vie humaine. Elle interdit la tuerie des hommes. Elle exige le strict respect de la personne humaine qu'elle conçoit comme une fin en soi et non pas comme un simple moyen. Les impératifs catégoriques de Kant le montrent clairement. « Agis de telle sorte que tu traites l'humanité qui est en toi toujours comme une fin et jamais simplement comme un moyen». Un agresseur et un tueur violent cette loi morale. Le menteur, le prédateur, le voleur, l'assassin traitent l'humanité comme un simple moyen ou un instrument pour satisfaire leurs besoins, leurs désirs et leur égoïsme. Ils chosifient l'humanité. Or le formalisme moral ou rigorisme de Kant considère l'être humain comme un être sacré, une valeur absolue. Ainsi le suicide est condamnable. C'est une violation de la loi morale, de l'impératif catégorique: «Agis de telle sorte que tu traites l'humanité qui est en toi toujours comme une fin et jamais simplement comme un moyen».

Un peuple belliqueux qui tue les hommes est immoral. Il n'a point de valeur. Il incarne la faiblesse, la bassesse, la petitesse. Il est indigne, ignoble, honteux. C'est un monstre, un démon. En effet, c'est le respect de la morale seul qui confère à l'homme la dignité, la force, la grandeur, la puissance, la noblesse, l'honneur et la gloire. La morale est l'unique source ou fondement de l'humanité et de la force. Tous les comportements et toutes les actions qui sont contre la morale dévalorisent et déshumanisent leurs auteurs. Ils traduisent la faiblesse et la décadence de ces derniers. Qu'est-ce que la faiblesse d'un homme? C'est son incapacité de respecter la loi morale, de pratiquer les vertus morales. La faiblesse c'est l'incapacité d'être juste, honnête, bon, d'agir dans la droiture pour maintenir l'ordre, l'équilibre, la solidarité et l'harmonie dans le monde. La faiblesse est une maladie destructrice. C'est la faillite disciplinaire. C'est un défaut de sagesse, un déficit de moralité qui conduit à la catastrophe (la guerre). La violence, la barbarie, la guerre et le génocide planétaire en cours sont des effets de la faiblesse comme **débilité mentale**. Un peuple sain d'esprit est toujours pacifique, juste, honnête, sage, bon. Un peuple sain d'esprit est non-violent, non-agressif, non méchant. «Nul n'est méchant volontairement», a dit Socrate. Cela est vérifiable dans l'histoire des relations internationales. Les peuples méchants, barbares sont des peuples ignorantissimes, imbéciles, débiles. L'ignorance et l'obscurantisme sont des maladies mentales. Les peuples qui font la guerre aux autres sont des handicapés mentaux. Ils sont mus par des virus psychologiques, mentaux, spirituels. Ces virus sont les plus nuisibles, les plus dangereux. Ils ont pour noms: égoïsme, cupidité, avidité, rapacité, envie, jalousie, voracité, haine, convoitise, goût du luxe, de l'opulence, orgueil, vanité etc. Nous vivons leurs conséquences dramatiques et catastrophiques tous les jours. Cela s'appelle l'histoire mondiale, c'est-à-dire l'ensemble des tragédies, des guerres, des conflits, des barbaries.

La faiblesse comme maladie mentale, spirituelle, est-elle un attribut essentiel de tout être humain ou de tout peuple? Est-ce quelque chose de naturel et d'universel? Non. Point du tout. Ce n'est pas une réalité naturelle, biologique, génétique. Elle n'est pas héréditaire. Elle n'est pas transmissible par la naissance mais par l'éducation et la culture. C'est un fait psycho-social, culturel. La faiblesse se cultive et se transmet par la société (éducation). C'est un produit de l'homme et des peuples. Chaque société éduque, fabrique ses membres en les rendant soit forts soit faibles. Contre Sigmund Freud, qui a dit qu'il y a un instinct naturel en tout homme qu'il appelle instinct d'agression, de mort (Thanatos), nous disons que la barbarie, la violence, l'agressivité se cultivent et se développent par les peuples. Cela fait partie de leur pratique culturelle. C'est un tout avec leur système de vie, de penser, de produire, de se gouverner et de coopérer avec les autres. Ainsi les peuples occidentaux et orientaux sont violents, barbares, prédateurs, conquérants, impérialistes, esclavagistes, colonialistes et racistes de par leurs cultures et non pas de par leur naissance. Un Blanc qui est éduqué par les Africains en Afrique se comportera différemment par rapport à ses congénères Blancs qui sont restés en Occident. Il pourra être leur opposé. Il pensera, parlera, agira et vivra comme ses éducateurs africains. De même, un Africain éduqué en Europe sera un parfait Européen. La mentalité et le comportement ne sont pas innés. Ce sont des choses acquises. L'instinct de mort, de prédation et de domination est un acquis occidental. Il n'est pas dans la culture et l'esprit africains. Ce n'est pas la mentalité des Noirs. En Afrique, il y a la mentalité contraire: la mentalité de la convivialité, de la paix, de la solidarité, de l'union, de l'hospitalité, de la fraternité, de l'amour du prochain, de l'harmonie entre les hommes, les peuples et l'univers et la nature. Les Africains ne cultivent pas la faiblesse ou la violence meurtrière, génocidaire. Ils n'ont pas cela dans leurs us et coutumes, dans leurs mœurs comme mode de vie collectif. Ils sont radicalement opposés aux Occidentaux. Ils sont du côté de la morale. Ils sont très imbibés des vertus morales, très dominés par les idéaux ascétiques: liberté, égalité, fraternité, hospitalité, bonté, amour du prochain, justice, droiture, compassion, charité, altruisme, don de soi, abnégation, paix, sécurité, bonheur, renoncement, abandon, désintéressement, non-matérialisme, spiritualité, moralité. La manière dont ils vivent leurs rapports avec l'Occident et l'Asie le prouve éloquemment. Qui est Ange et qui est diable? Qui est bourreau et qui est victime? Qui est belliqueux et qui est pacifique? Qui est agresseur et qui est agressé? Qui est colonisateur, esclavagiste et qui est colonisé et esclavagisé?

2

Injustice Et Faiblesse

Qu'est-ce que l'injustice? En quoi est-elle un signe de faiblesse? L'injustice est un mal, un tort fait à autrui. C'est la violation de la loi juridique et morale. Un homme qui ne fait pas ses devoirs envers autrui, qui n'obéit pas aux lois est injuste. Il sème le désordre dans la société. Il est ennemi des valeurs, de l'humanité et de la civilisation. Il a perdu la raison. Il est aliéné, déshumanisé. Il est tombé dans la barbarie et la sauvagerie. Il est donc source d'insécurité, de danger pour tous. Il cause la souffrance et le malheur aux autres. Les injustes qui sont les immoraux, les prédateurs, les bourreaux de l'humanité et de la civilisation sont des malades mentaux. Ils souffrent gravement de la débilité mentale, de l'imbécilité, de l'ignorance. Tout cela constitue la **faiblesse spirituelle** qui provoque des catastrophes, des tragédies dans le monde (nazisme, holocauste, guerres mondiales, génocides planétaires, covidisme, vaccinisme, mondialisme, crimes sans fin contre l'humanité). Les injustes mangent à la table du diable. Ils sont possédés par le démon, par satan, lucifère. «Nul n'est méchant volontairement, consciemment», a dit Socrate. Seuls le fou et l'ignare peuvent scier la branche d'arbre sur laquelle ils sont assis. Seul le malade mental peut se donner la mort. Le fou ne sait pas ce qui est bon ni ce qui n'est pas bon pour lui et pour les autres. Il a perdu la raison morale, le sens des valeurs éthiques, esthétiques, politiques. Est malade tout esprit rempli et dévasté par des préjugés, des dogmes, des croyances obscurantistes et des illusions issus de l'idéologie, de la religion, de l'opinion et de l'ésotérisme. Ces choses abrutissent, aliènent, déshumanisent, infantilisent, animalisent l'homme. Ce qui distingue l'homme de l'animal et de la chose est la civilisation comme œuvre humaine. Ce qui donne de la valeur, de la noblesse, de la dignité, de la grandeur et de la force à l'homme est la civilisation. Et la civilisation est fondée sur la morale. La civilisation est essentiellement le respect de la morale. En ce sens, la civilisation est opposée à la méchanceté, à la barbarie, à la sauvagerie, à la violence destructrice.

L'homme est doté de raison. Avec sa raison, il a créé des valeurs, des règles morales, juridiques, politiques pour assurer sa sécurité, son bonheur, sa vie. Cela s'appelle la civilisation. Celle-ci est ordonnée au bien de l'humanité et exclut le mal (la malfaisance, la méchanceté). L'homme se définit donc par la raison, le bien, la morale, la politique et la civilisation. Dès lors l'individu (ou un peuple) qui se sépare de ces choses, qui s'oppose à elles, n'est plus un être humain. Il est non-civilisé, immoral, déraisonnable, malade. Comment peut-on qualifier les gens qui se donnent le droit de vie et de mort sur tous les êtres humains? Ce sont des criminels, des anti-humains et anti-civilisation. Il s'agit de tous ceux qui provoquent le **génocide planétaire.** Nous avons nommé les mondialistes**,** les eugénistes, les transhumanistes, les créateurs des virus mortels, des vaccins stérilisants, mortifères (corona virus, covid-19, thérapie génique, passe-sanitaire, loi biotique). Ils sont déshumanisés. Ce sont des monstres froids, des bêtes blondes, des oiseaux de proie. Ce sont des débiles mentaux. Ces bourreaux ou fossoyeurs de l'humanité et de la civilisation gouvernent, hélas, le monde entier. Ce sont les oligarques, les ploutocrates, les capitalistes qui exploitent et pillent toutes les richesses de la terre. Ils paupérisent tous les peuples du monde. Ils sèment la misère et la désolation partout. Ils sont francs-maçons, sorciers, satanistes, pédophiles, homosexuels, religieux, mystiques, affairistes, politiciens, technocrates. Ils forment une mafia mondiale, prédsatrice, impérialistes, colonialistes, esclavagistes. Que de personnes stérilisées, handicapées et tuées par les vaccins de Bill Gates à travers le monde entier! Les victimes de ce mondialiste eugéniste et transhumaniste se comptent par millions dans chaque pays. C'est au bas mot. Ce dernier ne se limite pas à cela. Il veut diminuer la population mondiale de 80 pour cent grâce à des vaccins-poisons, transformer le restant en zombies, en robots contrôlables et manipulables à souhait. Y a-t-il de l'humanité en un tel individu? Non. Point du tout. Y a-t-il de l'humanité en ceux qui font le trafic humain à travers le monde? Non. Sont-ils sains d'esprit? Non. Les **injustes** sont des démons. Contrairement à eux, les justes sont des hommes authentiques. Oui, eux seuls sont des êtres humains. Ils sont civilisés, raisonnables. Ils sont conformes aux lois morales, juridiques, spirituelles de la déesse Maât. Ils ne mentent pas, ne volent pas, ne tuent pas, ne trompent pas, n'esclavagissent pas, ne colonisent pas les autres peuples. Ils ne dominent pas, n'aliènent pas les autres peuples. Ce sont des sages spiritualistes qui respectent scrupuleusement la liberté, la vie, la dignité de tous les êtres du monde. Ils travaillent au maintien et à la conservation de l'équilibre, de l'harmonie, de la paix, de la sécurité, de la solidarité, de l'unité et de l'identité fondamentales de tous les êtres. Ils oeuvrent pour le bonheur, la prospérité, le salut de tous et de chacun. Ils sont altruistes, désintéressés, compatissants, non-égoïstes, hospitaliers. Ils savent que ton prochain est toi (non différent de toi). Ils savent que nuire à autrui, c'est nuire à toi-même. Car autrui n'existe pas. L'autre c'est toi-même. Il est toi et tu es lui. Vous êtes identiques, l'UN fondamental, l'UN primordial, le grand Tout. Les philosophes, les sachants et les sages orientaux (chinois, hindous) et africains le savent. L'enfant villageois africain connaît cette vérité maâtique. Cela est véhiculé, diffusé par les contes, les fables, les mythes, les cosmogonies, l'eudémonisme, l'éthique, l'axiologie des Africains. Tout Africain a accès à cette sagesse. Il la vit, la chante et la récite quotidiennement.

En somme, la justice rend fort et heureux tandis que l'injustice rend faible et malheureux. L'injustice détruit, anéantit l'injuste. C'est la loi de la nature, de l'univers, de la société, de la déesse Maât. La justice est la base de la vie et de la civilisation. C'est le moteur du progrès, de la prospérité, de la réussite, du développement personnel et sociétal. C'est le garant ou le gage de l'ordre et de la paix sociaux et universels.

3

Mensonge Et Faiblesse

Qu'est-ce que le mensonge? En quoi cela est-il un signe de faiblesse? Le mensonge est une parole trompeuse. Elle déguise la réalité et cache la vérité. Le menteur est injuste, malhonnête, dangereux. C'est un tricheur, un manipulateur. L'auteur d'une erreur est, quant à lui, de bonne foi. Il est ignorant et peut se corriger. Il accepte la critique qui le sort de son ignorance. Il ne cherche pas à tromper les gens. Il est honnête. Il ne sait pas qu'il est dans l'erreur. Il est temporairement malade et sera guéri. Tout le monde peut commettre une erreur. Mais tout le monde n'est pas menteur. Errare humanum est. Sed perseverare diabolicum, disent les Anciens Romains en latin. L'erreur est humaine. Mais persévérer dans l'erreur est diabolique. Nul n'est infaillible en matière de pensée. L'erreur se corrige mais le mensonge se punit. L'erreur n'est pas une faute morale. Elle relève de la méconnaissance et de l'ignorance. Le mensonge est une faute morale et juridique. Elle découle de l'intention de tromper et de nuire. Le menteur persiste dans son mensonge. C'est sa bouée de sauvetage, son rempart, son bouclier. Ainsi le mensonge est un vice (morale), un péché (religion), un délit (droit). Le menteur est alors anormal. C'est un malade mental comme tous ceux qui transgressent la loi morale, religieuse et juridique. Il est débile et imbécile. Il est faible d'esprit. Il veut obtenir quelque chose indûment, par la tricherie. C'est l'attitude des voleurs, le propre des malfrats, des hors-la-loi. Le menteur est hypocrite et lâche. Il a peur de dire la vérité car cela le condamne et l'empêche d'avoir ce qu'il cherche.

La vérité est un obstacle à ses désirs, à ses prétentions. Ainsi le mensonge peut aider un homme à séduire, à conquérir une très belle et riche femme qu'il ne mérite pas. Par le mensonge, l'escroc peut réussir aisément ses coups bas. Par le mensonge (démagogie), un politicien véreux peut se faire élire Président de son pays. Le mensonge est donc une parole intéressée, un discours utilitaire. C'est l'arme privilégiée des prédateurs, des impérialistes, des colonialistes et des néo-colonialistes occidentaux contre les Africains. Ils disent, par exemple, que leurs victimes ou leurs proies africaines sont pauvres, sauvages, non-civilisées, des hommes inférieurs. Ils disent leur apporter la culture, la civilisation, le développement, l'aide. Ils disent être leurs bienfaiteurs, leurs sauveurs, des philanthropes, des humanitaires, des saints, des libérateurs. C'est à partir de ces discours méprisants, condescendants, insultants, humiliants, racistes, degradants, arrogants, insolents, qu'ils se donnent le droit de vie et de mort sur les Africains, le droit de tout prendre aux Africains. Tels sont les principaux mensonges éhontés, caractéristiques des malades mentaux. Tels sont également les dogmes de l'impérialisme, du colonialisme, de l'esclavagisme et du missionnarisme chrétien contre les Africains. Ces mensonges, ses dogmes donnent droit aux prédateurs occidentaux de voler, de piller, de tuer les Africains. Les menteurs disent aussi apporter le savoir, la raison, la démocratie aux Africains alors qu'ils sont eux-mêmes dans l'ignorance, la barbarie, la sauvagerie, la dictature, le despotisme, l'autocratie, le totalitarisme. Ils prétendent enseigner la morale, la religion, les droits de l'homme, l'humanisme aux

Africains tandis qu'ils les tuent, les stérilisent, les pillent, les paupérisent, les exploitent, les oppriment (travaux forcés, esclavage, colonisation, domination, aliénation).

Les menteurs fieffés, obscurantistes, ayant créé Dieu, Ange, satan, Jésus, Saint esprit, covid-19, vaccins anti-covid-19 etc. n'ont pas la légitimité ni le droit d'enseigner la morale, les droits de l'homme aux Africains qu'ils cherchent à exterminer. Les Africains sont les créateurs et les détenteurs de la civilisation, de toutes les valeurs humaines et culturelles. L'Afrique est le berceau de l'humanité. Les Africains demeurent les seuls hommes au monde qui respectent scrupuleusement les règles morales et les normes humanistes. Ils sont les seuls vrais héros moraux ou les seuls vrais champions moraux. Ils ne mentent pas, ne tuent pas, ne volent pas les autres peuples. Ils ne font que se dévouer à eux, servir leurs intérêts, les enrichir, les honorer, assurer leur bien-être, sécurité, croissance, progrès, prospérité, développement socio-économique et industriel. Ils se sacrifient totalement pour eux. Les Africains pratiquent le don de soi, l'abnégation, le renoncement, l'abandon, l'altruisme, la charité, la compassion envers leurs dominateurs, leurs colonisateurs, leurs bourreaux. Ils ne savent pas trahir, tromper, combattre les autres peuples (impérialistes, prédateurs, barbares, génocidaires). L'Afrique est la mère nourricière de tous les peuples au monde. Elle n'est pas xénophobe, raciste, ségrégationniste, barbare, égoïste. Ses fils et ses filles sont très hospitaliers et dévoués à l'humanité. Ils ont bâti l'Europe, l'Asie, l'Amérique, l'Océanie gratuitement, par leur sang et leurs sueurs. Mais, en retour, ces continents les méprisent, les humilient, les haïssent, les discriminent et les maltraitent cruellement par jalousie, envie, ingratitude, orgueil, vanité, malhonnêteté. Les Occidentaux font de l'Afrique leur chasse-gardée, leur paradis exclusif.

L'Afrique est une mère très généreuse, très civilisée, très humaine qui ne se fâche jamais avec ses enfants devenus des criminels, des bandits, des brigands, des mafieux et des bourreaux contre elle. Elle leur pardonne tous leurs torts, toutes leurs fautes lourdes à son égard. Elle continue à les secourir, à les aider, à les sauver malgré tout. Elle oublie sa souffrance, sa douleur, pardonne à ses bourreaux et accueille ses pires ennemis chez elle. Elle reste très fidèle à la morale et à l'humanisme malgré tout ce que cela lui coûte de la part de l'Occident et de l'Orient barbares et immoraux. Cela traduit sa grandeur d'âme, sa force morale et psychologique, son excellente santé et sa magnifique résiliance face à toutes les agressions, à toutes les invasions et à toutes les catastrophes. L'Afrique résiste héroïquement à l'apocalypse provoquée par l'Occident et l'Orient menteurs, trompeurs, tricheurs, assassins (corona virus, covid-19, vaccins-poisons, thérapie génique, eugénisme, transhumanisme, Grand Reset, nouvel ordre mondial).

4

Arbitraire Et Faiblesse

Qu'est-ce que l'arbitraire? En quoi cela est-il une marque de faiblesse? L'arbitraire est tout agissement qui ne respecte aucune loi particulière. C'est le fait d'agir sans tenir compte ni de la loi morale ni du droit positif. C'est le propre des tyrans, des barbares, des sauvages, des dictateurs. Les impérialistes, les prédateurs, les colonisateurs et les esclavagistes pratiquent l'arbitraire. Tous les bourreaux, tous les génocidaires et autres criminels agissent de façon arbitraire contre leurs victimes. Les acteurs et les partisans du «nouvel ordre mondial» qui sont responsables du génocide planétaire en cours sont totalement dans l'arbitraire et le cynisme le plus catastrophique. Leur décision et leur désir de diminuer la population mondiale de plus de 80% et de zombifier le restant à l'aide des virus (corona virus, Ebola, SIDA), des bactéries, des microbes, des vaccins obligatoires relèvent de l'arbitraire pur. Le fait que les oligarques criminels imposent la thérapie génique, le passeport vaccinal à tous les habitants de la terre est arbitraire.

La suppression des libertés et des droits à tout le monde (due à la covid-19) est un acte arbitraire. L'interdiction faite par l'OMS à chaque pays de fabriquer ses propres médicaments pour soigner ses malades de la covid-19 est arbitraire. Les **sanctions économiques** infligées par la CEDEAO et l'UEMOA au Mali qui veut son indépendance et sa souveraineté nationales contre la domination, l'exploitation, la prédation et le néo-colonialisme franco-occidentaux sont arbitraires. C'est très aberrant et criminel.

En général, toutes les sanctions prises par l'union des criminels, des prédateurs, des mafieux, des bandits, des satanistes, des impérialistes (Communauté Internationale, ONU, Union Européenne, CPI, TPI, BM, FMI...) sont cyniques, injustes, arbitraires. **Des lions sanctionnent des biches qui se cachent ou qui courent trop vite**. «C'est la raison des plus faibles». Les plus faibles attaquent les plus forts. La force est fondée sur l'usage de la morale. C'est l'expression ou l'exercice de la vertu morale. C'est l'accomplissement du Bien. Celui qui fait le bien est le plus fort. Celui qui fait le mal est un faible. C'est un malade mental, un débile, un imbécile. Il est déséquilibré, indiscipliné. Le méchant est un fou en liberté. «Nul n'est méchant volontairement», a dit Socrate. Quiconque quitte la morale est inconscient. Il est tombé dans la déraison, la folie. Quand on perd la raison, on manque de sagesse. La raison est la faculté de calcul, de jugement. Elle nous montre ce qu'est le bien et ce qu'est le mal. Et notre volonté nous ordonne de choisir le bien et d'éviter le mal. La volonté est raisonnable. C'est une force moralisatrice. La raison et la volonté nous interdisent le mal. Les peuples qui pratiquent l'arbitraire ont perdu et la raison et la volonté. Ils sont doublement malades: ils sont déraisonnables, abouliques, veules. Ils manquent d'énergie, de volonté et de courage. Leur esprit est paralysé. Ils sont fous et très dangereux. Ils causent beaucoup trop de dégâts (prédation, pillage, razzia) et font beaucoup trop de victimes (génocide planétaire, invasions, agressions, guerres, conquêtes, esclavage, colonisation). Ils détruisent les autres peuples, la nature, l'univers et la civilisation. Le programme de leur nouvel ordre mondial en témoigne éloquemment: suppression de l'humanité, de la civilisation, refroidissement de la terre, changement du climat. Tel est le sens du covidisme, du vaccinisme, du Grand Reset, de l'eugénisme, du transhumanisme (création du posthumain) et de la loi biotique de M. Macron en France. Ainsi presque tous les dirigeants du monde sont trop dangereux et trop nuisibles ainsi que les institutions nationales et internationales (ONU, CEDEAO, OMS, Union Européenne, Union Africaine, BM, FMI, UEMOA). Ils manipulent tout le monde, imposent leurs diktats sataniques et mortifères à la population terrienne. Le Grand Reset, c'est-à-dire la Grande Remise à zéro de la civilisation universelle, proposé par M. Klaus Schwab (fondateur du Forum Economique Mondial) est **arbitraire**. C'est le plus grand crime contre l'humanité et les valeurs éthiques et socio-économiques. Les guerres d'occupation et de prédation livrées aux pays dits sous-développés par les pays occidentaux dits développés sont arbitraires, immorales. Ces guerres sont basées sur le mensonge et la mauvaise foi des nations impérialistes. Leurs buts sont le pillage des richesses naturelles, minières, la domination, l'exploitation sauvage et cynique des pays militairement faibles sur tous les continents. Les nations impérialistes abusent toujours de leur puissance militaire sans jamais comprendre que moyen n'implique pas droit. Ces nations belliqueuses et prédatrices possèdent des armes nucléaires redoutées par les pays qui n'en ont pas. Ces armes de destruction massive leur assurent la suprématie satanique et diabolique qui est véritablement la plus grande preuve de leur faiblesse morale et psychique. Les pays africains leur fournissent gratuitement, gracieusement, les matières premières et les ressources minières (uranium) indispensables à la fabrication de ces armes terrifiantes. Mais ces pays africains n'ont pas le droit de se fabriquer ni de posséder eux aussi ces armes. C'est la raison du dominateur et de l'impérialiste-prédateur. Quel arbitraire! Quelle injustice! Quelle folie!

5

Tricherie Et Faiblesse

Qu'est-ce que la tricherie? En quoi cela est-il une manifestation de la faiblesse? La tricherie est le fait d'agir de manière déloyale dans le but de gagner, de réussir. C'est le fait de frauder pour parvenir à ce qu'on souhaite. La tricherie consiste à falsifier, à mentir aux autres et à soi-même. Un tricheur est un trompeur, un voleur. Il est de mauvaise foi. Il est malhonnête. La tricherie est une maladie. Tout comportement qui viole la morale traduit la maladie mentale. C'est la conséquence de la débilité mentale, de l'imbécilité, de l'ignorance. Un homme sain d'esprit, bien instruit, est en général discipliné, vertueux. Il est juste, honnête, sage. Il sait que le mal est dangereux, nuisible. Il sait que seul le bien est utile. Il sait que le bien rend heureux et que le mal rend malheureux. «Nul n'est méchant volontairement», a dit Socrate. De même, nul n'est tricheur volontairement, consciemment. Seul le faible d'esprit triche. Il est malade. Il ne sait pas distinguer le bien du mal. Il confond les deux. La tricherie est le propre des faibles, c'est-à-dire des malades. C'est un fait quotidien dans le monde. Elle se passe partout: aux examens, au travail, au jeu, au sport, en politique, dans les échanges commerciaux etc. Elle revêt des formes variées et se traduit parfois par la corruption, le trafic d'influence, l'abus d'autorité, de pouvoir. Le monde est gouverné par des tricheurs. C'est par là que la tricherie fait le plus mal. Car elle met la vie de sept milliards de personnes (population mondiale) en danger. Les élections présidentielles sont truquées, volées. Leurs résultats ne reflètent pas la réalité ni la vérité des urnes. Les choses ne se déroulent pas dans la transparence, la clarté, la justice. Cela crée des frustrations, des rancoeurs, des conflits, des violences, des guerres, des rébellions, des coups d'État, le séparatisme. Cela met à mal le tissu social.

La tricherie se manifeste par le non-respect des engagements, des conventions, des accords, par la violation des traités, des contrats de coopération, du droit international, par la trahison, le mensonge, la dissimulation, l'agression, l'occupation. C'est ce que l'on voit entre les nations dites développées ou dominantes et les nations dites sous-développées ou dominées. Quelles sont les nations tricheuses, immorales? Quelles sont les nations vertueuses, morales? L'Occident seul a dominé, gouverné, géré le monde entier pendant des siècles. Les pays occidentaux ont divisé tous les peuples de la terre. Ils les manipulent, les exploitent, les contrôlent. Ils ont mis leurs lois, leurs institutions et leurs cultures sur tous les continents. Ils chosifient et instrumentalisent les sept milliards d'habitants de la terre. Prenons le cas de l'Afrique. Ces Occidentaux l'ont divisée, dépecée, morcellée en 54 Etats-nations. Ce sont leurs zones d'influence ou leurs colonies. Ils règnent en maîtres absolus sur ces 54 territoires. Ils se sont donné le droit de prédation sur ces territoires. Ils se sont donné le droit de vie et de mort sur leurs habitants (leurs colonisés-esclaves). A partir de 1960, ils ont fait semblant de libérer ces territoires. Ils leur ont accordé une indépendance illusoire, fictive, formelle (coquille vide). Cet acte est une tricherie notoire, un cheval de Troie. Quand l'indépendance africaine devient la néo-colonisation ou la néo-esclavagisation des Africains, il y a tricherie, trahison, mensonge, escroquerie, manipulation, hypocrisie, abus de confiance, tromperie, mauvaise foi caractérisés. Quand la libération, la souveraineté, la civilisation, le développement deviennent la servitude, la barbarie, le sous-développement, le contre-développement, l'aliénation, la soumission, la déshumanisation, la décivilisation et le massacre, il y a traîtrise, tricherie et danger. Voilà comment l'Occident agit en Afrique comme le roi suprême de la tricherie. Les onze accords secrets (le Pacte colonial) imposés aux 15 colonies françaises d'Afrique par le Général de Gaulle constituent le comble de la tricherie occidentale. Cela signifie que la France donne l'indépendance à ses esclaves africains mais elle les retient toujours dans ses mains. «Africains, vous êtes maintenant libres mais vous n'êtes pas libres. Vous êtes maintenant indépendants. Mais vous n'êtes pas indépendants. Méfiez-vous. Vous appartenez toujours à la France. Vous êtes les biens, les propriétés privées de la France». Ainsi la France a pris soin de remplacer ses gouverneurs blancs par des gouverneurs noirs appelés hypocritement et pompeusement Présidents africains. La France a baptisé ses 15 colonies ou camps de concentration «républiques démocratiques indépendantes». Ces prétendues républiques démocratiques africaines sont dirigées dictatorialement par des Blancs ou Français à la peau noire. Y a-t-il république dans un enclos colonial? Y a-t-il démocratie dans la dictature ou despotisme obscur? Y a-t-il indépendance dans la dépendance et dans la colonialité? Y a-t-il liberté dans la servitude? Y a-t-il bonheur dans le malheur colonial? Y a-t-il paix dans la guerre coloniale? Y a-t-il justice dans l'injustice et l'arbitraire coloniaux? Y a-t-il humanisme, philanthropie et civilisation dans la barbarie, le cynisme et le satanisme coloniaux? Non. Point du tout. Voilà les pièges, l'hypocrisie, la tricherie de l'Occident impérialiste, colonialiste, raciste. Tous ces défauts ou vices signifient sa faiblesse infinie comme maladie incurable. Tout cela voile son complexe d'infériorité vis-à-vis des Africains, sa débilité et son imbécilité chroniques.

Il appartient désormais aux peuples africains dignes, lucides, patriotes, d'engager le bras de fer et la lutte révolutionnaire contre leurs bourreaux-prédateurs. Il appartient aux Africains de comprendre qu'il ne faut plus se laisser manipuler, tromper, dominer, esclavagiser, coloniser, voler par l'Occident tricheur impénitent. Les Africains doivent savoir que la liberté ne se négocie pas mais qu'elle s'arrache de force et que la légitimité, la justice et la morale sont de leur côté ou en leur faveur. L'Occident ne voudra jamais libérer aucun de ses esclaves africains, sauf s'il y est contraint. Il n'acceptera jamais de quitter les pays africains qui la nourrissent gracieusement, gratuitement, qui sont ses greniers, ses paradis et ses chasse-gardées, sauf s'il est chassé de là. Il ne comprend que le langage de la force et des armes.

6

Malhonnêteté Et Faiblesse

Qu'est-ce que la malhonnêteté? En quoi cela est-il une marque de faiblesse? La malhonnêteté est le caractère d'une personne malhonnête, c'est-à-dire une personne qui enfreint les règles morales et juridiques. Une parsonne malhonnête pose des actes injustes envers les autres. Par exemple, voler, tricher, mentir, tromper, escroquer. La malhonnêteté c'est la déloyauté. C'est le manque de droiture, de délicatesse. Les crimes, les délits relèvent de la malhonnêteté. D'où provient la malhonnêteté? Les causes de la malhonnêteté sont nombreuses. Les marxistes disent que la vie détermine la conscience. Les infrastructures socio-économiques déterminent la conscience. Les miséreux, les pauvres, les prolétaires ont la conscience de leur classe. Leur conscience reflète leur situation sociale, leur vie. Les riches et les bourgeois ont eux aussi leur conscience. Cela est différent de la conscience des prolétaires. Les riches et les bourgeois qui exploitent, dominent, oppriment et prolétarisent les ouvriers sont immoraux. Ils piétinent la morale ascétique dont Kant a énoncé les maximes et les préceptes. Ils sont inhumains, barbares, sauvages. Ils sont des malades mentaux, des débiles, des imbéciles. Ce sont des anormaux. Ce sont eux les prédateurs, les impérialistes, les colonialistes, les esclavagistes dans le monde. Leur cynisme et leurs crimes contre l'humanité, la civilisation et la morale s'expliquent par leur maladie mentale, leur rapacité, leur goût exagéré pour le luxe, la surabondance, l'opulence, les richesses socio-matérielles, le désir de puissance, de domination. Voilà autant de virus mentaux ou spirituels. C'est la causalité psychologique. L'esprit du malhonnête qui viole l'éthique est un grand danger. Il est indiscipliné, toxique.

Prenons le cas des relations entre les Etats. Voyons, par exemple, les relations entre la France et les pays africains ou ses «anciennes» colonies. A partir de 1960, la France a donné **l'indépendance** à ses 15 colonies d'Afrique. Mais elle leur a fait signer un contrat très cynique de grand brigand (Pacte colonial) qui vide cette indépendance de son contenu politique, économique, social, culturel, civilisationnel, monétaire, militaire, géopolitique, géo-stratégique. Ce pacte retient les colonies françaises dans la dépendance totale envers la France. Il supprime leur indépendance et leur souveraineté économiques, financières, monétaire, militaires, politiques etc. Ce pacte colonial permet à la France de posséder toutes les ressources humaines, naturelles, minières, les productions agricoles de ses colonies africaines. Cela lui permet d'imposer sa langue et sa culture à «ses Africains». Elle impose une pseudo-monnaie à ses colonies: le franc des colonies françaises d'Afrique (FCFA). Cela lui permet de voler 500 milliards de dollars par an à ses colonies, d'arracher 75% de l'économie annuelle de chaque colonie. La France se réserve le droit exclusif d'exploiter, de piller toutes les matières premières de ses colonies, de former les officiers supérieurs des armées coloniales (dont elle se sert pour faire des coups d'État), de stationner ses troupes militaires sur le sol de chaque néo-colonie, de contrôler toutes les activités politiques, diplomatiques, économiques, sociales, culturelles, intellectuelles. Tout cela est de la malhonnêteté caractérisée de la part de la France. Cela a été baptisé **La Françafriqu**e ou le néo-colonialisme français en Afrique. Cela consiste dans plusieurs opérations mafieuses, macabres et tragiques contre les ex-colonies françaises entraînant leur paupérisation, leur sous-développement chronique. La France vole l'indépendance, la souveraineté, l'économie, les droits des peuples africains etc. Elle impose malicieusement à ses ex-colonies des gouverneurs dictatoriaux ou négriers noirs (appelés Présidents) à travers des élections truquées, manipulées, volées. Elle maquille hypocritement et malhonnêtement ses enclos coloniaux par des euphémismes trompeurs comme républiques, Etats-nations, Etats de droit, Etats démocratiques, indépendants, souverains, modernes. Tout Président, pardon, tout gouverneur colonial à la peau noire , qui se révolte contre la Françafrique ou révendique la vraie indépendance et la vraie souveraineté pour son pays, le retrait des soldats français et la fin du FCFA est systématiquement assassiné ou renversé par un coup d'État. Et le système françafricain continue librement et impunément sa marche pour la prospérité et le succès croissants de la françafrique. Un pays esclavagiste, colonisateur, néo-colonisateur comme la France avec son pacte colonial encore en vigueur est-il fondé à donner des leçons de morale, d'humanisme, de république et de démocratie à des Africains et à d'autres peuples? Non. Un bourreau n'a pas le droit de donner des leçons de morale à ses victimes ou à ses proies. **Le Mali** est présentement occupé par des hordes de brigands et de bandits de tout acabit dans sa partie Nord semant la terreur, la mort, la désolation. Les trois quarts de son territoire ou ses régions les plus riches en ressources naturelles et minières sont aux mains des soldats franco-occidentaux et de leurs employés terroristes. L'État malien est formellement interdit d'accéder à ces régions par la France impérialiste en activité prédatrice et criminelle. Quelle malhonnêteté! Quelle faiblesse! Tout en dévorant une biche, le lion prétend la protéger, faire son bonheur et assurer sa sécurité. C'est très cocasse. La France et l'Occident prétendent servir le Mali, garantir sa sécurité, sa liberté, son indépendance, sa souveraineté, son intégrité territoriale. Autrement dit, l'invasion est un bonheur. L'agression est un bonheur. Le pillage des richesses maliennes est un bonheur pour le Mali. La destruction et la déstabilisation du Mali sont un bonheur pour les Maliens. Le massacre de la population malienne par les prédateurs est un bien pour les Maliens. L'assassinat des autorités politiques révolutionnaires maliennes est un bien pour le Mali. Voilà la logique cocasse de l'impérialisme et du néo-colonialisme franco-occidentaux au Mali. Le monde est posé sur sa tête au Mali, en Afrique. La logique est renversée là-bas. Nous sommes dans la logique du diable. La logique des satanistes mondialistes. La logique criminocratique ou de domination. La logique des oligarques capitalistes et des oiseaux de proie. La logique des bêtes blondes. La logique immorale.

La France et ses alliés occidentaux affichent ainsi leur faiblesse extrême, toute leur laideur morale ou leur incapacité absolue à jouer un franc- jeu, à respecter leurs engagements envers les pays africains dont ils dépendent économiquement et culturellement. Aujourd'hui, la France fait la guerre à toutes ses ex-colonies qui veulent s'affranchir et disposer de leurs richesses. Elle fomante des coups d'État meurtriers contre les dirigeants africains patriotes, révolutionnaires, indépendantistes de ses ex-colonies. Son armée, ses mercenaires et ses terroristes sont toujours en action impérialiste contre ses ex-colonies comme Mali, Burkina Faso, Guinee Conakry, Centrafrique, Tchad, Côte d'Ivoire, Togo, Bénin, Gabon, Cameroun, Congo, RDC etc. Elle utilise également les institutions financières, économiques, politiques et culturelles qu'elles a créées ou inspirées pour embrigader, maintenir les Africains sous sa domination coloniale et impérialiste. Il s'agit, notamment, de l'Union Africaine, de la CEDEAO, de l'UEMOA, de la Francophonie etc. Elle se sert également des institutions internationales comme ONU, OTAN, BM, FMI,OMS,OMC pour soumettre, exploiter, écraser les pays africains. La France fonctionne par le mensonge, le vol, la guerre, la malhonnêteté, l'arbitraire, l'injustice. Elle est le symbole universel de la faiblesse, de l'immoralité, de la barbarie, de la mauvaise foi, de la tromperie. Elle viole sa propre devise nationale: Liberté, Egalité, Fraternité. Elle ne respecte aucune valeur morale ni humaniste. Elle est anti-civilisation.

7

Cynisme Et Faiblesse

Qu'est-ce que le cynisme? En quoi cela est-il un signe de faiblesse? Le cynisme désigne ici l'impudence, l'immoralité, l'insolence, l'indécence, l'inconvenance. C'est un comportement répugnant, abject. Antisthène en a fait une doctrine ou une école philosophique dont le plus célèbre disciple est Diogène de Sinope. Nous sommes en Grèce, au Ve siècle avant J.- C. Une personne cynique est immorale. Elle n'a peur de rien. Elle est effrontée, éhontée, crapule. Les peuples barbares, prédateurs, impérialistes, esclavagistes, colonialistes et néo-colonialistes sont cyniques. C'est peu dire. C'est un euphémisme. Ces peuples se permettent de donner des leçons théoriques de morale, de politique, de droit, de religion, de démocratie au monde sans les appliquer eux-mêmes. La France, par exemple, se dit pays des Droits de l'Homme, de Liberté, d'Egalité, de Fraternité. Cependant, elle ne cesse de tuer, de voler, de piller les Africains. C'est du cynisme. Le cynisme, comme négation de la morale, exprime la faiblesse. Tous les actes barbares et criminels que posent les peuples prédateurs, conquérants, impérialistes traduisent l'extrême faiblesse de ces derniers. En général, nul ne fait le mal volontairement, consciemment (Socrate). En effet, le mal s'oppose à la morale ascétique, à la morale du devoir, c'est-à-dire au rigorisme kantien (voir **Fondements de la métaphysique des mœurs**). Les commandements moraux interdisent strictement le mal. Tout individu (ou tout peuple) qui pratique la morale maâtique ou kantienne ne peut faire du mal à personne. Il est civilisé. La base de la civilisation est la morale. Celui qui ne pratique pas la morale kantienne ou maâtique (africaine) manque de conscience et de raison. C'est un animal ou un fou. Le contraire de la civilisation est la barbarie. La barbarie est une maladie mentale. Tout barbare est un malade. Il souffre de la débilité mentale ou de l'imbécilité. Son esprit est intoxiqué et dévoré par les virus mentaux. Il a sérieusement besoin de soins mentaux des **philocuristes**.

Les virus mentaux identifiés par la **philocure** sont : méchanceté, désespoir, découragement, angoisse, anxiété, rage, colère, haine, aversion, animosité, hostilité, rancoeur, orgueil, vanité, envie, convoitise, ressentiment, regret, remords, déception, vengeance, intolérance, fanatisme, souci, honte, jalousie, avidité, égoïsme, complexe de supériorité, égocentrisme etc. (voir nos ouvrages intitulés: **Introduction à la philocure, Education morale et spirituelle** publiés par Edilivre en France). Les virus qui rongent et dévorent le plus l'esprit des bourreaux, des prédateurs, des impérialistes, des esclavagistes, des colonialistes sont les suivants: méchanceté, cynisme, haine, animosité, orgueil, vanité, complexe de supériorité, envie, jalousie, convoitise, manichéisme, égocentrisme, égoïsme, avidité, ignorance, illusion. Un méchant ou un bourreau est avant tout un ignorant ou quelqu'un qui est dans l'illusion et dans la confusion d'esprit. Il prend le mal pour le bien qui est exigé par la morale. Il prend l'injustice qu'il commet pour la justice. Il prend la méchanceté qu'il commet pour la bonté. Il se dit bon, juste, généreux, pacifique, honnête, altruiste, humain, charitable, vertueux. Il prêche la morale aux autres. Le diable prêche la morale. Ainsi les nations impérialistes

, esclavagistes, colonialistes s'autoglorifient et se vantent d'être les plus civilisées, les plus justes, les plus démocratiques, les plus humanistes de la terre. Elles jouent les gendarmes du monde. Elles prétendent être les grandes défenseuses et promotrices des Droits de l'Homme et du Citoyen. Elles se vantent d'être des pays de droit, de morale, d'humanisme. Elles prétendent apporter la lumière (le siècle des Lumières), la Raison, la connaissance, la civilisation aux sociétés qu'elles méprisent, dominent, pillent et génocident. Ainsi les bourreaux occidentaux se ventent d'être les champions en démocratie, en morale, en humanisme. Ils se présentent aux yeux du monde comme les sauveurs de l'humanité, les civilisateurs et les développeurs de l'Afrique. C'est cela le cynisme, l'hypocrisie et la faiblesse catastrophiques comme maladies incurables et mortifères de l'Occident. L'Afrique est principalement confrontée aux porteurs de ces terribles maladies. Les colonies françaises, anglaises, portugaises, espagnoles ont ces bourreaux , ces prédateurs et parasites sur le dos. Celles qui tentent de se débarrasser de leurs fardeaux , de leurs misères et de leurs calamités coloniales sont en guerre. C'est, notamment, le cas du Mali, de la Centrafrique, du Burkina Faso, du Niger, de la Guinée Conakry etc. Les cyniques colonialistes et impérialistes tiennent toujours bon. Ils affichent toutes leurs diableries et toutes leurs laideurs au grand jour. Ils ne veulent rien céder. Ils sont comme des bêtes blondes, des oiseaux de proie, des loups et des lions affamés tenant fermement leurs proies dans leurs gueules et dans leurs griffes. Ils manifestent leur malice, leur machiavélisme et leur sorcellerie au plus haut point. Avec la résistance des révolutionnaires et des patriotes africains, ils voient leur économie s'effondrer, leur influence et leur suprématie diminuer de jour en jour en Afrique. Ainsi le Président Emmanuel Macron constate qu'un sentiment anti-Français se développe en Afrique de nos jours. Oui, son empire colonial en Afrique, qui est vieux de plusieurs siècles, est ébranlé. Sa vache à lait est menacée. Ses enclos coloniaux africains sont en voie d'être cassés, démolis. Les Africains veulent sortir des prisons françaises dans lesquelles ils ont été trop longtemps maintenus, enchaînés, affamés, brimés, torturés et massacrés. Les géoliers ont du fil à retordre. Ils ont beaucoup de mal à retenir plus d'un milliard de personnes dans des prisons aux portes entrouvertes. La plupart des Africains d'aujourd'hui, et surtout les jeunes, veulent goûter à la liberté, à la souveraineté, à l'indépendance réelle, au progrès, au bonheur, à la justice, à l'égalité et à la fraternité universels. Ils révendiquent un monde multipolaire dans lequel il n'y aura plus de maîtres ni d'esclaves, plus de bourreaux ni de victimes, plus de développés ni de sous-développés, plus de riches ni de pauvres, plus de forts ni de faibles, plus de sains ni de malades. Ils veulent un monde sans plus de dualités et dans lequel tous les humains vivront en paix, en sécurité, heureux, en égalité, dans la justice, sans arbitraire et selon les lois de la Maât, déesse égyptienne de l'ordre, de l'équilibre et de l'harmonie du monde entier. Ils veulent la disparition de la faiblesse comme maladie mentale, meurtriere et de la guerre. Ils souhaitent la guérison de tous les malades occidentaux et orientaux comme bourreaux, prédateurs, génocidaires.

8

Corona Virus Et Faiblesse

Qu'est-ce que le corona virus? En quoi cela est-il un signe de faiblesse? Le corona virus est une arme biologique comme Ebola, SIDA et autres. Il a été fabriqué de toutes pièces par les nations occidentales et asiatiques criminelles à des fins hégémoniques, sataniques et mondialistes. C'est une arme silencieuse, génocidaire qui inaugure insidieusement la troisième guerre mondiale. «Nous sommes en guerre et l'ennemi est invisible», a déclaré M. Emmanuel Macron. La première et la deuxième guerre mondiales ont été faites avec des armes classiques, bruyantes. Quant à cette troisième guerre mondiale, elle est biologiquement et secrètement menée contre toute l'humanité. Subitement, elle a gagné toute la terre et fait trembler et pleurer les 17 milliards d'habitants de notre planète. Elle a touché tous les continents et tous les pays en même temps. Elle fait tant de victimes et de dégâts. De 2020 à 2022, ce bio-terrorisme a détruit l'économie mondiale, l'éducation, les emplois, la civilisation, l'humanité. Il a supprimé toutes les libertés et tous les droits individuels. Il a remplacé la démocratie par la dictature dans tous les pays. Il a remplacé la civilisation par la barbarie et la sauvagerie. Elle a tué la morale et instauré la criminalité, la cruauté, le cynisme dans les pratiques médicales, sociales, économiques et politiques.

Le corona virus (covid-19) est le résultat de l'application de la philosophie sociale, économique et géo-politique macabre des Occidentaux et des Asiatiques. Il découle de la pensée des gens comme Jacques Attali (**L'Avenir de la vie**), George Soros, Bill Gates, Klaus Schwab (**Le Grand Reset**), Thomas Robert Malthus (**Essai sur le principe de population**), John Davison Rockfeller, Edmond de Rothschild et autres. Le corona virus est un instrument du capitalisme. Il est le produit de la logique et de la loi économico-sociales énoncées par les penseurs capitalistes. Cette loi et cette logique capitalistes exigent la diminution drastique de la population mondiale, l'assassinat de 80% des dix sept milliards d'habitants de la terre pour le plus grand bonheur et l'enrichissement croissant des oligarques et des ploutocrates du monde. Les néo-nazis et les satanistes veulent recréer le monde à leur goût et pour leurs intérêts. Dans leur plan, il s'agit de supprimer la plupart des hommes, remplacer l'humanité par des machines, numériser ou digitaliser toute la vie quotidienne (technocratie), former un gouvernement mondial unique avec des valeurs sataniques (le nouvel ordre mondial ou la nouvelle normalité). L'homme nouveau qu'ils vont créer dans leurs laboratoires s'appelle le **posthumain** ou **l'homme augmenté** (robot, zombie). C'est de l'eugénisme et du transhumanisme. Leur intention dernière est de contrôler, dominer eux seuls toute la terre et de s'enrichir davantage puisque tous les biens du monde entier leur reviendront d'office. Le nouvel ordre qu'ils veulent créer par tous les moyens repose sur cinq choses principales: leur enrichissement exponentiel, génocide planétaire, domination, contrôle de tous les peuples, suppression de la civilisation. Comment le font-ils? Ils créent artificiellement des maladies ou pandémies comme prétextes. Ils font du bio-terrorisme à l'aide des épandages, des missiles bactériologiques qu'ils lancent dans le monde entier. Ils utilisent aussi des animaux, des oiseaux migrateurs comme la chauve-souris qui servent de vecteurs de contamination et de propagation des virus mortels. Ainsi ils empoisonnent toute l'humanité et rendent tout le monde malade à la fois. Ils créent la peur panique. Puis ils fabriquent des médicaments, des vaccins stérilisants, mortifères qu'ils imposent à toute l'humanité. Il s'agit de la vaccination universelle obligatoire. Ils persécutent et assassinent des opposants, des contestateurs, des rebelles (ceux qui refusent cela). Ils utilisent la manipulation, la corruption, le chantage, la menace, la ruse, la violence. Ils corrompent, contrôlent, utilisent toutes les institutions internationales, tous les médias pour leur propagande. Ils emploient le mensonge et inventent continuellement des pseudo-mutants du corona virus afin d'imposer leur thérapie génique (vaccins obligatoires) à tout le monde. Ils ne lâchent pas leurs proies. Ils maintiennent toujours les gens dans la peur panique pour pouvoir justifier leur tyrannie et leurs crimes impérialistes. Ils instaurent des couvre-feux, des confinements, le port des masques faciaux, la distance sociale, l'usages des désinfectants.

Que de crimes contre l'humanité! Quelle dictature! Que de manipulations! Quelles tromperies! Voilà **la nouvelle normalité** des francs-maçons et des oligarques mondialistes. Le contrôle et la domination des hommes passent par leur modification génétique, par leur transformation en zombies et en robots qui seront manipulés à souhait. Ces hommes-machines appelés posthumains accompliront toutes les sales besognes. Les nano-ordinateurs placés dans leurs corps les guideront dans toutes leurs activités en leur donnant des ordres, des idées, des sentiments. Ils ne pourront pas penser par eux-mêmes. Ils seront mus, contrôlés et téléguidés par des machines, par l'intelligence artificielle. L'idée est que la machine est plus efficace, plus rentable, moins coûteuse, plus commode, libératrice. Les buts recherchés avec le corona virus sont le contrôle de la démographie, la soumission absolue des humains, la rentabilité et l'efficacité très accrues. C'est **le triomphe du capitalisme mondial**. L'humanité, la civilisation, la morale et l'humanisme sont effacés de ce monde. Les anti-valeurs ont remplacé les valeurs. Le monde est à l'envers. Cela montre que la faiblesse est à son apogée. Le mal est à son paroxisme. Le diable ne démord pas. Il est tenace, endurant, persévérant, téméraire. La maladie monte au crescendo. Elle s'amplifie terriblement. L'hégémonisme et la prédation dans le monde se donnent encore de très beaux jours. Tel est le danger de l'unipolarité du monde. Nous devons tout faire pour arriver à la multipolarité mondiale salvatrice. Cela est juste et bon pour tout le monde. La guerre qui est en cours en Ukraine, capitale mondiale du mal et du nazisme diaboliques, sataniques, devra aboutir au rêve le plus cher de l'humanité, du moins à celui de toutes les victimes du monde unipolaire. Cette guerre doit réconcilier l'humanité, pacifier et sécuriser le monde. « Le plus fort n'est jamais assez fort pour être toujours le maître s'il ne transforme sa force en droit et l'obéissance en devoir», a dit J.-J. Rousseau. Les nations qui vivent uniquement du sang des autres, de l'impérialisme, de l'esclavage, de la colonisation, de la domination, de la prédation doivent entendre raison. Tout a une fin. La malfaisance aussi. L'Occident nazi qui met le monde à feu et à sang pour satisfaire son instinct de mort (Thanatos), son désir d'être éternellement la puissance suprême du monde et sa vanité est interpelé ici. Allons-nous vers la fin du monde par la faute de la faiblesse des hommes anti-humains, anti-civilisation et anti-morale? Si oui, le covidisme, le vaccinisme, l'eugénisme et le transhumanisme des nazis, des oligarques et des ploutocrates en sont responsables.

9

Esclavage Et Faiblesse

Qu'est-ce que l'esclavage? En quoi cela est-il un signe de faiblesse? L'esclavage consiste à utiliser un être humain comme une bête de somme ou un instrument de production des biens et des richesses. C'est une pratique qui met ensemble deux individus. L'un est appelé **maître** (propriétaire de l'esclave) et l'autre **esclave**. L'esclavage est la transformation de certains êtres humains en choses, en bêtes à des fins socio-économiques. A la faveur de certaines circonstances, des êtres humains sont devenus esclaves. Ils ont été soit capturés soit enlevés soit vendus à des gens qui ont besoin de main d'oeuvre ou de domestiques. L'esclave sert son maitre. C'est sa raison d'etre. Il travaille sans etre paye. Il n'a pas droit au salaire. Sa vie ne lui appartient pas. Elle est à la disposition de son maître. Celui-ci en fait tout ce qu'il désire. Le maître torture, méprise, exploite, opprime son esclave à souhait. Il lui ôte la liberté, la paix, la sécurité, le bien-être, le confort, la dignité. Il exerce un droit de vie et de mort sur son esclave. L'esclave n'a aucun droit. Il n'a que des devoirs, des corvées. Il est «corvéable et taillable à merci». Il est soumis, humilié, dégradé, déshumanisé, aliéné, chosifié, enchaîné. L'histoire nous donne des cas d'esclavage. Ainsi la Traite négrière, l'esclavage pratiqué par les Arabes contre les Africains. Ces deux formes d'esclavage sont les plus cruelles, les plus violentes, les plus inhumaines et les plus dégradantes (torture, tuerie, castration, viol, flagellation...).

L'esclavage est un très grand crime contre l'humanité et la civilisation. Ses auteurs ou pratiquants doivent être châtiés. Ils doivent se repentir et dédommager leurs victimes. Accepteront-ils de le faire? Cela n'est pas sûr. Que faut-il donc faire pour les contraindre à le faire? Il appartient aux victimes ou à leurs descendants de trouver des solutions à cela. Entre temps, les bourreaux ou esclavagistes se la coulent douce. Ils ne sont pas inquiétés ni menacés par leurs milliards de victimes. Ce qui nous préoccupe ici est le problème philosophique que cela pose à la conscience humaine. L'esclavage est la négation la plus totale de l'humanité, de la civilisation et de l'éthique. Les questions de réparation et de repentance doivent être mises et débattues au coeur des relations internationales. Cela doit conditionner toute coopération bilaterale ou multilaterale entre les bourreaux et les victimes. L'éthique exige la réparation et la repentance au sujet de l'esclavage qui est le plus grand crime contre toutes les valeurs positives. Il faut remettre cette question à l'ordre du jour partout, à tout moment, dans toutes les situations géo-politiques, géo-économiques, géo-stratégiques. On ne doit jamais l'oublier ni fermer les yeux là-dessus ni faire comme si rien ne s'est passé sur la terre. On ne doit pas négliger cela. Il convient (et il s'avère impératif) de faire redorer à la morale son blason et lui redonner toutes ses lettres de noblesse. Il faut donner un sens à l'humanité, à la civilisation, à l'éthique, au droit international. Il faut sauvegarder les institutions, les normes et les valeurs humanistes, régulatrices, salvatrices. Il faut mettre fin à la barbarie, à la sauvagerie, à l'injustice, à l'arbitraire, au mal, au vice. Il faut que la vertu ascétique, éthique triomphe dans le monde pour donner la chance à l'humanité de survivre. Il faut condamner l'impunité, la criminalité pour sauver la civilisation et l'humanité. Faute de cela, **les plus fous** détruiront le monde. A ce niveau, l'impunité est le pire ennemi de l'humanité et de la civilisation. C'est le plus grand danger du monde. Cela favorise la montée en puissance de la criminalité. L'impunité arrose généreusement le jardin des criminels, des génocidaires. Elle fait fleurir leurs plantes diaboliques.

Le pire dans tout ça (et c'est le comble du ridicule comme ironie du sort) est que la liberté et l'initiative sont laissées aux bourreaux-criminels de faire des lois criminelles contre leurs victimes. Où sont la légitimité et la compétence de l'ONU et de l'Occident esclavagiste à légiférer pour la paix, la sécurité, la justice, l'égalité, la fraternité et le bonheur de tous les peuples de la terre? Un bourreau est-il un bon justicier ou un bon défenseur de sa victime? Non. Et pourtant c'est bien ce qui se passe dans le monde. **Les bourreaux sont les seuls décideurs du monde**. C'est eux seuls qui légifèrent, qui dirigent le monde vers l'abattoir et l'enfer. C'est eux les bergers. Les autres peuples, leurs victimes, sont leurs troupeaux de moutons, d'agneaux bêlants, dociles, crédules (des bénis oui, oui). Et pourtant, on sait très bien que les chiens ne changent jamais leur façon de s'asseoir et que les bourreaux de l'humanité et de la civilisation sont de plus en plus méchants, malades, fous. Le Code noir, la Charte de l'impérialisme, le Pacte colonial sont toujours en vigueur dans le monde. Le mépris des Noirs, le racisme, le colonialisme ont la peau très dure. Ils persistent, perdurent. Ce n'est pas aux lions de donner des leçons de morale et de sécurité aux biches qu'ils dévorent tous les jours. Ce n'est pas aux voleurs, aux pillards, aux brigands et aux génocidaires de faire la morale à leurs victimes. Le monde est totalement renversé. Il faut le redresser, le remettre sur ses pieds. Les forts ou les sains d'esprit doivent corriger les faibles (les malades mentaux, les pervers, les aliénés psychologiques ou psychopathes) qui sont incapables de discerner le bien et le mal, le vrai et le faux, le juste et l'injuste, l'utile et le nuisible, le beau et le laid. Il faut rétablir l'ordre, la justice, la vérité selon les lois de la déesse Maât pour le bonheur et le salut de tous. Il faut freiner la méchanceté des méchants. Il faut transformer l'état d'esprit des bourreaux, discipliner et sauver ces derniers de l'immoralité. L'imbécile peut et doit changer. Il y va de sa vie et de l'existence de tous.

10

Colonisation Et Faiblesse

Qu'est-ce que la colonisation? En quoi cela est-il un signe de faiblesse? La colonisation est l'action d'un pays qui occupe un autre pays pour l'exploiter et s'enrichir injustement au détriment des indigènes. C'est un acte de domination et d'aliénation. Entre 1884 et 1885, les pays européens se sont réunis à Berlin, en Allemagne, et ils se sont partagé le continent africain comme leur gâteau. Ils ont divisé l'Afrique en 54 enclos coloniaux. La France, l'Angleterre, l'Allemagne, l'Espagne, le Portugal, l'Itali et autres se sont rendu maîtres et propriétaires de l'Afrique. Ces pays sont passés de l'esclavage (Traite négrière) à la colonisation. Ils ont trouvé l'esclavage trop onéreux et moins productif. La colonisation de l'Afrique par l'Europe est un avatar de l'esclavage. C'est une intensification et une généralisation de la Traite négrière sur le sol africain. La colonisation s'est manifestée également ailleurs, notamment en Amérique, en Asie, en Océanie...Comment s'exprime-t-elle? Elle se traduit par la violence, la barbarie contre ses victimes, la prédation ou l'exploitation économique, la soumission et la domination des peuples colonisés.

Dans ce système, les peuples vivant sur leurs territoires sont arrachés à leurs civilisations, à leurs cultures, dépossédés de leurs biens, de leurs cultures, de leurs ressources naturelles, minières, humaines. Ils n'ont pas le droit de se gouverner eux-mêmes, selon leurs coutumes propres. Les colonisés n'ont pas le droit de produire des biens et des richesses, de les gérer pour eux-mêmes. Ils travaillent gratuitement pour les colons et par contrainte (travaux forcés). En cas de révolte de leur part, ils sont massacrés par les colons. Ainsi en Afrique, dix sept millions de Congolais (RDC) ont été tués par les colons belges sous le roi barbare et criminel Léopold ll. En Amérique, 123 millions d'Amérindiens ont été tués par les colons anglais. En général, les colons exterminent les peuples autochtones qui leur résistent, qui se révoltent contre leurs exactions, leurs injustices, leur arbitraire, leur barbarie.

Quels sont les buts de la colonisation? On peut citer la domination, le profit, la prospérité, la croissance, le bonheur, le développement etc. Ainsi la colonisation a permis à la France d'être une puissance économique, politique, sociale, culturelle, dans le monde. Sans ses colonies d'Afrique, d'Amérique ou d'outre mer, la France ne serait pas la puissance qu'elle est aujourd'hui. Elle ne serait pas comptée parmi les pays riches et développés sans ses crimes infinis: prédation, domination, exploitation abusive de ses 15 colonies africaines qui lui fournissent gratuitement l'or, le diamant, l'uranium, le fer, le cobalt, le bois, le coltan, les produits agricoles etc. Les travaux forcés auxquels la France a soumis les Africains l'ont sauvée de la pauvreté et de la misère. La France doit son rayonnement, ses victoires et ses succès sur tous les plans à ses colonies. Elle vit du pillage, du vol, du brigandage, du terrorisme, de la mafia.

Quels sont les moyens employés par la colonisation? Ses moyens sont divers: violence, barbarie, guerre, terreur, mensonge, tromperie etc. Les pays colonisateurs sont anti-morale, anti-civilisation et anti-humanisme. Ce sont des fauves, des lions, des loups. La colonisation est l'expression d'une pathologie mentale qui conduit à la destruction des autres et au chaos mondial. Les guerres mondiales en sont les preuves. Nazisme, impérialisme, cynisme capitaliste, colonialisme découlent de cette maladie mentale meurtrière, génocidaire. Nul ne fait le mal volontairement, consciemment. Le mal est toujours l'effet de la maladie mentale. Un homme sain d'esprit n'est pas méchant, nuisible, dangereux. Il a toujours le sens moral. Il est vertueux, discipliné, sage. Seul le malade mental est méchant. Le colon est un malade mental. Son esprit est pourri. C'est pourquoi il n'a aucun sens moral et humaniste. C'est pourquoi il est sans scrupule et sans pitié. Tous les actes barbares, violents, sauvages qu'il pose résultent de son déséquilibre mental. Un homme sain d'esprit ne peut fabriquer des armes pour détruire le monde et supprimer l'humanité. Il ne peut envouloir à la civilisation et à la morale. Les bombes nucléaires, atomiques, bactériologiques, ne signifient rien d'autre que la maladie mentale. Cela exprime l'ampleur croissante de la maladie chez les Occidentaux et les Orientaux. Comment le monde peut-il empêcher ces malades mentaux, ces barbares, ces belliqueux, ces terroristes, ces menteurs, ces trompeurs de supprimer l'humanité et la civilisation? Comment peut-on empêcher les fabriquants de corona virus, des pandémies artificielles, des armes de destruction massive, les manipulateurs des climats et tous les provocateurs des dangers, des catastrophes et des calamites d'agir? Nous proposons ici une esquisse de solution à cette problématique. Tout changement part d'une prise de conscience du mal que l'on veut supprimer. Qui dit prise de conscience, dit information, formation, éducation. Si tous les peuples du monde entier sont informés, formés et éduqués par les enseignements de la géo-politique, de la géo-économie, de la géo-stratégie et de la géo-culture, ils s'éveilleront, se révolteront et refuseront la colonisation et tout ce qui lui ressemble. Les prolétaires qui sont informés, éclairés et guidés par le marxisme-léninisme se sont affranchis de la dictature bourgeoise, capitaliste, oligarchique. Ils ont combattu victorieusement l'oppression, l'injustice, l'arbitraire, la violence de la bourgeoisie partout. Les régimes politiques, économiques, sociaux, capitalistes infernaux sont tombés sur tous les continents. La révolution et la dictature prolétariennes ont agité le monde entier et balayé la dictature bourgeoise. La lutte des classes doit continuer en faveur des bien -portants ou des sains d'esprit. Les forts, c'est-à-dire les gens et les peuples vertueux gagneront cette guerre qui leur est faite, qui est en cours, et sauveront l'humanité et la civilisation.

11

Prédation Et Faiblesse

Qu'est-ce que la prédation? En quoi cela est-il un signe de faiblesse? La prédation est le fait de piller, de voler les biens et les richesses d'un peuple, d'un pays, d'un continent. C'est du brigandage. C'est l'activité des pays impérialistes et colonialistes à travers le monde entier. Les colonisateurs sont des prédateurs. Ce sont des oiseaux de proie, des brigands, des pillards, des voleurs. Les prédateurs ou colonialistes sont très malins, très rusés et très astucieux. Ils font croire à leurs victimes qu'elles sont libres. Ils les endorment par des mots doux, lénifiants. Ils les empêchent de comprendre le processus de la prédation afin d'éviter les disputes et les résistances. Cela annule les capacités de défense et le sens critique de leurs victimes. Ainsi celles-ci sont incapables de se rebeller. Alors on parle de coopération bilatérale, d'amitié, d'égalité, de fraternité, de justice entre les pays colonisateurs et les pays colonisés. Les colons prétendent apporter la civilisation, le développement, le progrès, le bonheur, la sécurité, la prospérité, la paix, le salut aux colonisés.

Ils signent des contrats léonins de dupe avec leurs victimes. Ainsi le Pacte colonial de Charles de Gaulle avec les Africains qui n'est qu'une moquerie et une insulte hypocrites à l'intelligence des Africains. Dans cette dynamique coloniale et prédatrice, la France a imposé une monnaie de singe ou une monnaie nazie à ses colonies africaines appelée le Franc des Colonies Françaises d'Afrique (FCFA). Par cette monnaie impérialiste, la France arrache, vole les réserves financières de ses colonies africaines. Elle pille, contrôle et exploite allègrement l'économie de ces dernières. Ses troupes militaires et ses sociétés basées en Afrique pillent, exploitent toutes les richesses et les ressources naturelles, minières et humaines de 15 pays africains (or, diamant, uranium, bois, pétrole, gaz, manganèse, fer, cobalt, coltan etc.

La France crée, entretient et emploie plusieurs groupes de terroristes pour déstabiliser les pays africains qu'elle contrôle, gère. Cela lui permet de créer le chaos et de piller allègrement ces néo -colonies . Elle organise des rébellions armées, des guerres civiles, fratricides, intestines en Afrique à des fins prédatrices. Elle place des dirigeants marionnettes (comme gardiens de ses enclos coloniaux) à la tête de ses néo-colonies africaines (Présidents par procuration). Cela facilite sa prédation. Elle maintient de force sa culture, son système politique, éducationnel, sa langue (francophonie) dans ses néo-colonies pour favoriser sa prédation vorace et sa domination tous azimuts. Comment expliquer cette prédation? Quelles en sont les causes ou les origines? Sa toute première cause est la **faiblesse**. Les peuples prédateurs, barbares, brigands sont mentalement malades. C'est un fait. Ils souffrent cruellement de la débilité mentale, de l'imbécilité chronique. Ils sont tous fous. Ils sont des fous inguérissables. En effet, nul ne fait le mal volontairement, consciemment, mais par aliénation mentale. Tous les méchants ou malfrats ont perdu la raison. Ils sont assimilables à des animaux qui sont sans morale et sans civilisation. Ils sont pires que les bêtes. Leur vie est fondée sur la tuerie des autres peuples, le vol, le mensonge, la tromperie, la tricherie. Ils commettent sans cesse des abominations , des exactions , des crimes contre l'humanité et la civilisation. Ce sont des peuples sans foi ni loi. Ils ont créé l'enfer et le désordre chaotique sur la terre. Ils sont anti-valeurs. Ils propagent et imposent des vices partout: homosexualité, pédophilie, pédo-satanisme, zoophilie, anti-natalisme, sorcellerie, eugénisme, transhumanisme, technocratie etc. Ils appellent tous ces vices et crimes gravissimes contre l'humanité, la civilisation et la nature **la nouvelle normalité** ou **le nouvel ordre mondial.**

Une autre cause de la prédation est **l'envie jalouse.** Les prédateurs sont envieux et jaloux de ceux qui possèdent ce qu'ils n'ont pas. Les voleurs volent ce qu'ils n'ont pas. Ils sont donc pauvres, miséreux, nécessiteux. Etant malheureux, lésés, frustrés et aigris, les voleurs sont méchants, dangereux, nuisibles à autrui. C'est le cas des brigands et des prédateurs. Ce sont des paresseux, des vauriens, des partisans du moindre effort et de la facilité. Ils sont incapables de travailler, de créer, d'inventer des moyens légaux et moraux de leur vie. Ils sont indignes, honteux, irresponsables. Ce sont des gens à l'esprit toxique, indiscipliné. Ils fondent leur existence sur l'injustice, l'arbitraire, la violence, la conquête, le mal. Ainsi si l'on parvient à séparer la France de ses colonies, ce sera sa décadence totale. Elle perdra sa puissance économique et politique. Elle ne sera plus qu'un petit pays, un pauvre pays. Sa population mourra de faim ou émigrera vers les autres pays. Habituée à voler, à piller et à vivre aux dépens des pays africains, la France est totalement incapable de produire elle-même des biens et des richesses pour satisfaire ses besoins vitaux. La prédation est la seule voie de son bonheur et de son salut. C'est pourquoi elle se bat du bec et de l'ongle pour éterniser sa domination prédatrice sur l'Afrique. C'est pourquoi aussi elle appelle les forces étrangères (la Communauté Internationale) à son secours dans sa guerre prédatrice et néo-coloniale contre les Africains indépendantistes, patriotes, révolutionnaires comme les Maliens, les Burkinabès, les Guinéens, les Centrafricains...La colonisation et la prédation forment un même tout cohérent ou un système. Cela conduit à une escalade de la violence et du mal dans le monde. Nous sommes dans une troisième guerre mondiale ou dans la guerre froide intensifiée, prolongée. Le monde sera détruit ou sera reconstruit sur un nouveau paradigme, sur une nouvelle base (la morale). L'humanité doit se défendre contre les forces du mal, du mensonge, de la prédation, de la néo- colonisation. Elle doit tout faire pour préserver les bribes de la civilisation, de la morale, de l'humanisme. Les peuples moralement forts ou sains d'esprit doivent coaliser et collaborer. Il faut la victoire du bien sur le mal, des bons sur les méchants, du bon Dieu sur satan. La coalition des victimes doit changer l'état d'esprit des bourreaux Elle doit discipliner, assagir et guérir les barbares, les faibles, les malades dans l'intérêt de la paix, de la sécurité, du bonheur et du salut universels.

12

Sanction Et Faiblesse

Qu'est-ce que la sanction? En quoi cela est-il une marque de faiblesse? Il y a deux formes de sanction: la **punition** et la **récompense**. La punition ou sanction négative est la conséquence d'une mauvaise action. C'est le résultat d'un acte immoral ou illégal. La récompense ou sanction positive est la conséquence d'un acte légal, vertueux, glorieux. Ici, nous considérons les relations géo-politiques entre les nations dominantes et les nations dominées, entre le Nord et le Sud, entre les bourreaux et leurs victimes. Dans la dynamique de la géo-politique mondiale, les pays du Nord sont les prédateurs, les impérialistes, les colonisateurs, les esclavagistes. Les pays du Sud ou du Tiers-Monde sont leurs victimes. Entre le bourreau et sa victime, lequel doit être puni et lequel doit être récompensé (dédommagé) dans l'ordre normal, moral? Est-ce le bourreau qui doit juger et punir sa victime ou est-ce le contraire? Qui a violé la loi juridique et la loi morale? C'est le bourreau. C'est lui qui doit être puni. C'est lui le fautif. La victime doit être récompensée ou dédommagée par le bourreau. Il lui revient le plein droit de juger et de condamner son bourreau. Sinon le monde est renversé. C'est l'injustice, l'arbitraire. Qui est civilisé, vertueux? C'est la victime. Qui est barbare, sauvage? C'est le bourreau.

Dans la dynamique de la géo-politique mondiale actuelle, le bourreau est le seul juge du tribunal. C'est lui qui décide tout. Il punit impitoyablement sa victime. Celle-ci s'est soumise à l'ordre moral et juridique. Et lui, il est anti-morale, anti-droit, anti-humanisme et anti-civilisation. Il pratique le brigandage et la barbarie. Et pourtant, il a élaboré ce qu'il appelle pompeusement les Droits de l'Homme, c'est-à-dire la morale, l'humanisme et le droit universels. Il l'a proclamé officiellement en 1948, à l'Organisation des Nations Unies à New York. Il s'est donné un régime et des concepts politiques: la république, la démocratie, l'État de droit. Il dit être démocrate, républicain et légaliste. Il loue les idéaux de paix, de liberté, d'égalité, de justice, de fraternité. Mais il n'en applique aucun. Il fait plutôt le contraire. Il domine, pille les autres, ment, vole partout, sur la terre. Par tous les moyens violents et diaboliques, il empêche la croissance, le développement et le bonheur des peuples sains d'esprit. Il s'est rendu maître et possesseur de toute la terre. Il impose ses désirs immoraux, ses anti-valeurs au monde entier.

En temps normal, c'est la victime qui poursuit le bourreau au tribunal. Elle le fait punir de sa forfaiture. Cela s'appelle la justice. Alors il y a la liberté, l'égalité, la paix, la sécurité pour tous. Cela est dans la république, la démocratie, l'humanisme et la morale. Cela garantit l'ordre, préserve le bien, la civilisation et exclut la barbarie, le mal. **Le bourreau a tort et la victime a raison**. La loi morale et la loi juridique, républicaine, démocratique, condamnent le mal, l'injustice, l'arbitraire, la barbarie. La loi est égalitaire, juste, impartiale, neutre. Elle accorde les mêmes droits et les mêmes avantages à tous les humains. Elle impose les mêmes contraintes, les mêmes obligations et les mêmes chances à tous (équité). Chacun est responsable devant la loi. A fautes égales, sanctions égales. Aux mêmes fautes, s'appliquent les mêmes punitions ou châtiments.

A travail égal, salaire égal. Pas de favoritisme ni de frustration. Personne ne doit être lésé. On ne doit pas punir l'innocent et épargner ou récompenser le fautif, le délinquant, le criminel ni encore moins permettre au fautif de punir l'innocent. Sinon c'est le comble de l'injustice. Hélas, c'est ce qui se passe malheureusement dans le monde. Nous sommes dans un monde renversé. Ce monde a la tête en bas et ses pieds en l'air. Les faibles prennent la place des forts et les forts prennent la place des faibles. Les anges prennent la place des démons et les démons prennent la place des anges. Quelle folle logique! La loi est faite par les faibles (les fous) contre les forts (les saints). Telle est la réalité. Les Africains colonisés ou esclavagisés par les Occidentaux veulent se libérer. Est-ce normal ou anormal? Est-ce juste, légitime, moral ou injuste, illégitime, immoral? Les Africains veulent briser leurs chaînes, mettre fin à leur calvaire, à leur servitude. Ils veulent goûter à la liberté, à la justice, à l'égalité, à la dignité, à l'indépendance, à la souveraineté, à l'autonomie, à l'autodétermination. Ils veulent savourer le bonheur et jouir de leurs abondantes richesses, de leurs ressources naturelles, humaines, minières, agricoles etc. Ils veulent vivre en paix, en sécurité, dans leurs propres cultures et leurs propres civilisations. Et voilà que les Occidentaux prennent cette réaction des Africains pour un crime de lèse-majesté. Voilà ce que les Occidentaux nazis prennent pour un péché mortel, une faute lourde qu'ils punissent par des embargos, des répressions et des représailles de tous genres. Actuellement, le Mali de Assimi Goïta est terriblement confronté à cette injustice ou barbarie occidentale. Le peuple malien est debout. Il a décidé de se libérer du joug impérialiste et néo-colonial franco-occidental. Tel est son péché. Il a décidé de se décoloniser, de prendre sa destinée entre ses mains. Il se retire des accords coloniaux criminels, diaboliques. Il s'agit des accords de défense et de coopération tous azimuts qui voilent le terrorisme et la prédation franco-occidentaux. Il veut rompre légitimement le très dangereux pacte colonial qui le lie à la France prédatrice et impérialiste. Il veut des partenaires qui respectent sa dignité, sa souveraineté, son indépendance, sa liberté.

Il cherche un partenariat légitime, gagnant -gagnant, avec des pays vertueux, honnêtes, moraux, civilisés. Il veut quitter le monde de la domination, de l'exploitation, du vol, du pillage, du mensonge, de la prédation, du crime, du mal. Que lui font les impérialistes occidentaux contre son attitude révolutionnaire? Ils le sanctionnent injustement, cyniquement, arbitrairement. Ils mettent tous leurs instruments politiques, économiques et leurs institutions géo-politiques, géo-économiques et géo-stratégiques contre ce pauvre enclos néo-colonial. Les têtes des dirigeants maliens sont mises à prix. L'armée, la population et les élites maliennes sont quotidiennement soumises à des menaces de mort, à des agressions militaires et terroristes meurtrières. La France a mobilisé tous ses autres enclos coloniaux d'Afrique pour faire la guerre au Mali. Elle a instrumentalisé des brigands, des mercenaires, des pillards, des assassins contre le Mali. «Mali delendus est» comme on disait autrefois «Carthago delenda est» en latin. Cela veut dire: le Mali doit être détruit comme Carthage au temps des guerres puniques livrées par les Romains aux Carthaginois. A cette fin macabre, la France utilise l'ONU, l'UEMOA, l'UE, l'OTAN, la BECEAO, les djihadistes. Elle fait la même chose en Centrafrique, au Tchad, en RDC, au Congo, au Niger, au Burkina Faso...Les plus grands brigands et bandits sanctionnent leurs victimes, leurs proies révoltées.

Conclusion

Quand les plus grands criminels, les plus grands bandits, les plus grands terroristes, les plus grands prédateurs, voleurs, brigands, bourreaux punissent leurs victimes ou les gens honnêtes, innocents, saints, cela signifie que les dieux se moquent des hommes. Il y a là une vraie ironie du sort. Le monde est renversé. Le juge suprême du tribunal universel est le chef de la mafia internationale et le plus grand malfaiteur du monde. Il dit la vérité (quelle vérité ?!) et la loi (quelle loi ?!) en faveur de qui? L'histoire de l'humanité qui part du 16e siècle à nos jours n'est que l'histoire de la plus grande comédie universelle. C'est aussi l'histoire de la fin de l'histoire, c'est-à-dire de la civilisation et de la morale. C'est l'histoire de la barbarie et de la sauvagerie pratiquées par l'Occident et l'Orient. L'Afrique n'est pas le sujet ni l'agent de cette histoire. Elle est l'objet qui a subi cette histoire honteuse. Tout s'est fait contre elle.

Ainsi le rôle que l'Afrique doit jouer aujourd'hui est de juger, de condamner les acteurs ou les auteurs de cette histoire, de demander des réparations à ces derniers (violentocrates, barbarocrates, criminocrates, kleptocrates, mythocrates). Il s'agit de ceux qui gouvernent l'humanité par la violence, la barbarie, le crime, le vol, le mensonge. Ceux là ont des comptes à rendre à leurs victimes. Leur règne prend fin. Il faut refaire le monde. Il faut redresser ce monde en souffrance. Il faut réhabiliter, sauver l'humanité et la civilisation. Il faut sortir de l'animalité, de la barbarie et revenir à l'humanité et à la civilisation. Il faut sauver le monde de la décadence et éviter le chaos universel. Protégeons l'humanité et la civilisation en respectant tous les lois de la déesse égyptienne Maât. En effet, le monde et l'humanité ont cruellement besoin de paix, de liberté, de justice, de vérité, d'équilibre, d'harmonie, de sécurité, de bonheur, de grandeur et de puissance positives.

Que faut-il exiger des fautifs, des criminels? Les acteurs-auteurs des drames historiques doivent pratiquer l'humilité, l'honnêteté, la repentance (doivent reconnaître, avouer leurs fautes, les assumer, prendre leurs responsabilités retrospectives), la réparation. Les bourreaux de l'humanité et de la civilisation doivent faire trois choses essentielles ou fondamentales: **cesser le mal, se repentir et réparer les torts qu'ils ont faits aux autres pendant des siècles**. La morale doit reprendre ses droits sur tout le monde Elle doit punir les peuples méchants et récompenser les peuples bons , c'est-à-dire les peuples forts, justes ou les victimes, les martyrs. Chaque peuple doit être évalué à sa juste valeur. Il doit reconnaître sa place dans l'histoire, dans la dynamique de la géo-politique et de la géo-économie mondiales. Il y a les **peuples bourreaux** (prédateurs, esclavagistes, colonialistes, impérialistes) et les **peuples victimes**. Les premiers ont trois devoirs envers les seconds. Il s'agit de l'abandon du mal (malfaisance, nuisance), de la repentance et de la réparation de leurs torts. Cela constitue les droits inaliénables des peuples victimes. Ce n'est pas négligeable. Si les bourreaux font leurs trois devoirs indiqués, la paix, la sérénité, la sécurité et l'harmonie renaîtront dans le monde. Ce sera pour le triomphe et la gloire de la morale qui est la véritable force. Ainsi les peuples victimes, qui détiennent la force morale, pardonneront à leurs bourreaux. Ce sera la grande réconciliation entre les bourreaux et leurs victimes pour l'amitié et la fraternité universelles, pour l'harmonie, la paix et le bonheur de tous et de chacun. L'humanité aspire à la vérité, à la justice, à la paix, à l'égalité, à la fraternité, à l'union, à l'amour. Telles sont les valeurs fondamentales et salvatrices de la vie et du monde. Elles sont indispensables au maintien de l'ordre, de l'équilibre et de l'harmonie dans la société, la nature et l'univers.

Résumé du Livre

Ce livre inaugure une discipline que nous intitulons **la philosophie de la faiblesse**. Il psychanalyse les auteurs des drames et des tragédies historiques. Il donne un sens à la vie, à la civilisation et à l'humanité. C'est un livre de chevet.

Biographie De L'auteur

Dr François Adja Assemien est né le 15 mars 1954 en Côte d'Ivoire. Il a étudié les lettres classiques (latin et grec), les sciences humaines et la philosophie. Diplômé en philosophie (Doctorat d'État), et en sociologie (Licence), il s'est consacré à l'enseignement de la philosophie à l'université, à l'écriture et à la recherche académique. Il parle et écrit trois langues vivantes que sont le français, l'anglais et l'allemand.

    Il est auteur de plusieurs ouvrages publiés en Europe et en Amérique (romans, essais, contes, pièces de théâtre) et de plusieurs concepts tels l'Afrocratisme, la Conscience africaine, la Philocure, la Sidarologie, la Philosophie de l'esprit africain, Aboubou musique, la Philosophie de l'actualité mondiale. Il est également artiste musicien, compositeur, chanteur et guitariste. Il vit aux Etats-Unis d'Amérique.

www.ingramcontent.com/pod-product-compliance
Lightning Source LLC
LaVergne TN
LVHW040200080526
838202LV00042B/3251